Claudette Radtke
Heike Wedell

Neue Mini-Fensterketten

aus Tonkarton

Fotos: frechverlag GmbH + Co. Druck KG, 70499 Stuttgart;
Fotostudio Ullrich & Co., Renningen

Dieses Buch enthält:
1 Vorlagenbogen

Auflage: 5. 4. 3. 2. 1. | Letzte Zahlen
Jahr: 2006 2005 2004 2003 2002 | maßgebend

ISBN 3-7724-2916-5 · Best.-Nr. 2916
Druck: frechverlag GmbH + Co. Druck KG, 70499 Stuttgart

Wer hat nicht vom vielen Basteln Tonpapier- und Tonkartonreste herumliegen? Die vorgestellten Themenketten lassen sich aus kleinen Teilen schnell und einfach nachmachen. Nicht nur Kinder freuen sich über die bunten Mobiles. Auch Erwachsene finden bestimmt noch eine freie Ecke oder ein freies Fenster, um die kleinen Hänger zu dekorieren. Diese Motive passen bestimmt in jede Wohnung!

Dieses Buch gibt Anregungen zu jeder Jahreszeit und garantiert schnellen Erfolg beim Nachbasteln.

Viel Spaß wünschen Ihnen

Claudette Radtke

Heike Wedell

Material und Werkzeug

- Tonpapierreste
- Tonkartonreste
- Fotokartonreste in kariert und geblümt
- Kariertes Schleifenband, 5 mm und 10 mm breit
- Dünnes Baumwollhäkelgarn
- Blumendraht: rostig braun und silber
- Buchsbaumdraht von der Rolle
- Klebepunkte, ø 8, 12 und 18 mm
- Holzperlen, ø 8, 10, 12 und 15 mm
- Bastelfarbe: schwarz, weiß
- Dünner Filzstift: schwarz
- Buntstift: weiß, rosa
- Bleistift
- Schneideunterlage
- Cutter
- Bastel- oder Silhouettenschere
- Kneifzange
- Klebestift (z.B. UHU Stick)
- Klebstoff (z.B. UHU Alleskleber)
- Schaschlikstab, ø ca. 3 mm
- Nähnadel, dicke Ausführung
- Radiergummi

So wird's gemacht

Übertragen der Vorlagen

Legen Sie das Transparentpapier auf den Vorlagenbogen und zeichnen Sie mit einem Bleistift die Umrisse nach. Kleben Sie das Transparentpapier auf einen dünnen Karton und schneiden Sie die Umrisse genau aus. Fertig ist die Schablone. Diese legen Sie nun auf farblich passendes Tonpapier oder Tonkarton und umfahren sie mit Bleistift.

Ketten mit Draht

Schneiden Sie alle Einzelteile für eine Drahtkette aus und stechen Sie kleine Löcher mit einer Nähnadel vor. **Achtung:** Das letzte Motiv einer Kette braucht nur oben ein Loch. Nun werden die Teile mit Drahtstücken verbunden. Schneiden Sie dafür mit einer Kneifzange oder einer alten Schere (wird schnell stumpf) Drahtstücke zurecht. Die Spiralform entsteht, wenn Sie den Draht um einen Bleistift wickeln. Die beiden Enden (ca. 4 cm) bleiben gerade. Stecken Sie den Draht durch die vorgestochenen Löcher, knicken Sie ihn zur Hälfte um und verbinden Sie die Enden mit zwei leichten Drehungen.

Ketten mit Faden

Nehmen Sie Baumwollgarn in gewünschter Länge und beginnen Sie von unten zu arbeiten. Wenn Perlen die Kette schmücken sollen, müssen diese in einem Arbeitsgang mit aufgefädelt werden. Legen Sie das Motiv mit der Vorderseite nach unten auf den Tisch und den Faden darauf. Kleben Sie dann das Gegenstück darauf. Die Schleifchen können Sie hinterher um den Faden binden.
Bei gefädelten Ketten nehmen Sie für jede Verbindung einen langen Faden, ziehen ihn durch zwei Motive und knoten die Enden zusammen. Verstecken Sie den Knoten hinter einer der Öffnungen, dann fällt er am fertig gebastelten Motiv nicht auf. Auch hier können hinterher die Schleifen darumgebunden werden. Bei den Längenangaben für das Schleifenband ist ein Verschnitt mit eingerechnet.

Kränze aus Buchsbaumdraht

Diese kleinen Kränze lassen sich ganz einfach aus Buchsbaumdraht von der Rolle herstellen. Legen Sie das Ende eines Stück Drahtes zu einem Ring des gewünschten Durchmessers und wickeln Sie den Rest immer wieder darum.
Sie bekommen begrünten Draht in vielen verschiedenen Sorten, z. B. Ilex, Efeu und Rosenlaub, teilweise auch mit kleinen Blüten. Mit diesen kleinen Kränzen lassen sich viele unserer vorgestellten Mobiles immer wieder anders gestalten.

Punkte mit Bastelfarbe

Punkte in verschiedenen Größen lassen sich ganz einfach mit Bastelfarbe auftragen. Ein Schaschlikstab wird mit der stumpfen Seite senkrecht in die Farbe getaucht, danach ebenso senkrecht auf das Papier gesetzt. Für jeden Punkt neu eintauchen und zwischendurch mit einem Papiertuch abwischen. Mit Rundhölzern oder Zahnstochern lassen sich viele verschiedene Punktgrößen herstellen.

Unsere Tipps

- Klebepunkte braucht man nur in Weiß zu kaufen, sie lassen sich mit bunten Filzstiften ganz leicht anmalen.

- Im Floristenfachgeschäft gibt es Blumendraht auch in bunten Farben. Speziell für Weihnachten lassen sich damit glänzende Akzente setzen.

- Alle Teile aus Tonpapier beim Zuschneiden doppelt legen. So fallen kleine Unebenheiten beim anschließenden Zusammenkleben nicht auf.

- In diesem Buch haben wir unsere Motive mit Faden oder Draht verbunden. Achten Sie beim Zuschneiden genau auf die Angabe, ob es sich um Tonpapier oder Tonkarton handelt. Dies erleichtert das Erstellen der Motive erheblich.

- Die Motive auf dem Vorlagenbogen lassen sich beliebig vergrößern oder verkleinern. Ebenso können alle Motivketten verlängert oder auch verkürzt werden.

Kranz mit Vogel und Blüte

Vogel und Blüten schneiden Sie aus dem Tonkarton aus. Die Flügel werden doppelt aus dem Tonpapier ausgeschnitten. Oberhalb und unterhalb erhalten die Motive ein kleines Loch mit der Nähnadel, die untere Blüte wird aber nur oben einmal eingestochen. Dem Vögelchen wird vorn und hinten ein Flügel aufgeklebt und mit einem schwarzem Filzstift das Auge aufgemalt. Aus dem Buchsbaumdraht fertigen Sie einen kleinen Kranz mit ca. ø 5 cm und verbinden ihn mit den anderen Teilen mit Drahtspiralen zu einer Kette. Vorher werden die Drahtstücke gemäß Abbildung mit einer Perle bestückt. Den Aufhängefaden oben an den Kranz knoten. Die kleinen Karoschleifen machen diesen frühlingshaften Hänger komplett.

Motivhöhe

Vogel 4,8 cm

Material

- Tonkartonreste: blau, dunkelrot, weiß
- Klebepunkte, ø 8 mm: weiß
- Baumwollfaden, je 1 m lang: rot und blau
- Schleifenband, 5 mm breit: 4 x 25 cm lang dunkelrot-weiß kariert, 4 x 25 cm lang blau-weiß kariert
- Blumendraht, 6 x 15 cm lang: braun
- Buchsbaumdraht, 2 x 30 cm lang
- Holzperlen, 6 x ø 8 mm: weiß
- Filzstift: schwarz
- Bleistift
- Nähnadel

Vorlagenbogen 1A

Blütengirlande mit Vögeln

Die Motive werden aus farbigem Tonkarton je einmal ausgeschnitten und danach gemäß Abbildung mit Klebepunkten versehen. Alle Teile rechts und links mit einer Nähnadel vorstechen und mit Drahtstücken verbinden. Die Blätter fädeln Sie an grün karierten Bandstücken à 30 cm auf und ziehen eine dicke Holzperle auf. Danach an den Draht knoten.

Zwischen Blatt und Perle wird zusätzlich noch ein gelb kariertes Schleifchen à 25 cm gebunden. Zum Aufhängen der Girlande 60 cm langes, gelb kariertes Band durch die beiden Endblüten fädeln und jeweils mit grün karierter, 25 cm langer Schleife und Perle versehen. Zum Schluss die Querkette zwischen den Motiven mit 50 cm langen, gelben Karoschleifen verzieren.

Motivhöhe

Große Blüte ø 11 cm

Material

- Tonkartonreste: weiß, orange, apfelgrün
- Schleifenband, 5 mm breit: 4 x 30 cm und 2 x 25 cm lang apfelgrün-weiß kariert, 2 x 60 cm, 4 x 25 cm und 6 x 50 cm lang gelb-weiß kariert
- Bastelfarbe: weiß
- Blumendraht, 6 x 15 cm lang: braun
- Klebepunkte, 2 x ø 8 mm, 2 x ø 12 mm, 1 x ø 18 mm: weiß
- Klebepunkte, 2 x ø 8 mm: schwarz
- Holzperlen, 6 x ø 15 mm: natur
- Bleistift
- Schaschlikstab, ø ca. 3 mm
- Nähnadel

Vorlagenbogen 1A

Vogelhäuschen

Das Dach des Vogelhäuschens und die Blüten werden aus Tonpapier doppelt ausgeschnitten. Alle anderen Teile werden aus Tonkarton gefertigt und nur einmal ausgeschnitten. Das Dach wird von beiden Seiten auf das Vogelhäuschen geklebt, dann werden vorne und hinten die ausgeschnittenen Blüten aufgesetzt und die Klebepunkte angebracht. Das Herz am Ende der Kette wird oben einmal mit der Nähnadel vorgestochen, alle anderen Motive erhalten ein kleines Loch oben und unten. Nun fügt man alle Teile mit den vorgefertigten Drahtstücken zusammen. Auf das schwarze Täfelchen kommt dann mit einem weißen Buntstift der Begrüßungstext. Der Aufhängefaden wird noch mit einer dicken Holzperle versehen. Mit je drei kleinen Karoschleifen sind diese Ketten eine Verschönerung für jeden Eingangsbereich.

Motivhöhe

Häuschen 11,5 cm

Material

- Tonpapierreste: dunkelbraun, dunkelrot, blau
- Tonkartonreste: dunkelrot, blau, hellbraun und schwarz
- Fotokartonreste: rotweiß kariert, blauweiß kariert
- Baumwollfaden, je 1 m lang: rot, blau
- Schleifenband, pro Kette 3 x 25 cm lang: rot-weiß kariert, blauweiß kariert
- Blumendraht, pro Kette 3 x ca. 15 cm lang: braun
- Klebepunkte, Ø 8 mm: weiß
- Holzperlen, ø 15 mm: natur
- Filzstift: schwarz
- Buntstift: weiß
- Bleistift
- Nähnadel

Vorlagenbogen 1A

WELCOME
WELCOME

Hasentrio

Körper und Schuhe werden für jedes Motiv einfach ausgeschnitten, Kleider und Herzen zweifach. Nun wird der Karokarton vorne und hinten auf den Hasenkörper geklebt, anschließend die Herzen auf die Kleider. Mit einer Nähnadel Löcher vorstechen. Die Gesichter bemalen Sie mit schwarzem Filz- und rosa Buntstift. Bevor die Schuhe mit 7 cm langem Draht befestigt werden,

muss noch jeweils eine Holzkugel aufgezogen werden. Alle Hasen werden dann mit den 15 cm langen, zu Spiralen verarbeiteten Drahtstücken verbunden, die 25 cm langen Stücke werden rechts und links als Aufhängevorrichtung angebracht. Die kurzen Schleifen kommen an die Enden der Kette, die langen dazwischen. Die selbst gemachten Kränze aus Buchsbaumdraht (ø 4 cm) knoten Sie als Abschluss an die langen Schleifen.

Motivhöhe

Hase ca. 23 cm

Material

- Tonkartonreste: hellbraun
- Fotokartonreste: blau-weiß kariert, rot-weiß kariert, grün-weiß kariert (je 2 verschiedene Karomuster)
- Schleifenband, 5 mm breit, 2 x 25 cm und 2 x 50 cm lang: gelb-weiß kariert
- Blumendraht: 2 x 15 cm, 2 x 25 cm und 6 x 7 cm lang: braun
- Buchsbaumdraht: 4 x 25 cm lang
- Holzperlen, 6 x ø 15 mm: natur
- Filzstift: schwarz
- Buntstift: rosa
- Nähnadel

Vorlagenbogen 1A

Hase mit Möhren

Hase und Möhren werden je zweifach aus Tonpapier ausgeschnitten. Anschließend den Hasen gerade und die Möhren in ca. 10 cm Abstand nach rechts oder links geneigt doppelt auf den Faden kleben. Bitte achten Sie darauf, das Grün der Möhre als Letztes anzukleben. Die kleinen Karoschleifen um den Faden gebunden runden das Gesamtbild noch ab. Für den Hasen wird das Schleifchen vorher gebunden und dann mit etwas Klebstoff befestigt.

Motivhöhe

Hase 11,5 cm

Material

- Tonpapierreste: apfelgrün, orange, hellbraun
- Baumwollfaden, 2 x 1 m lang: hellgrün
- Schleifenband, 5 mm breit: 4 x 25 cm lang apfelgrün-weiß kariert, 3 x 25 cm lang orange-weiß kariert
- Filzstift: schwarz

Vorlagenbogen 1A

Ostereier

Ob nun Faden oder Draht, die Eierketten wirken durch die verschiedenen Muster auf dem Fotokarton. Alle Eier werden einfach aus dem Karton ausgeschnitten und mit der Nähnadel durchstochen. Die Eier in ca. 6 cm Abstand aneinander hängen, oberhalb Schleifen um den Spiralen-Draht oder Faden binden. Oben wird noch ein Aufhängefaden in gewünschter Länge durchgezogen. Einzeln gearbeitet sind diese einfachen Ostermotive eine preiswerte Alternative für den Osterstrauß.

Motivhöhe

Ei 7 cm

Material

- Fotokartonreste: gelbweiß, grünweiß, rot-weiß und blau-weiß kariert
- Baumwollfaden, 1 m lang: weiß
- Schleifenband, 10 mm breit, je 25 cm lang: gelb, grün, rot und blau
- Blumendraht, 3 x 15 cm lang: braun
- Bleistift
- Nähnadel

Vorlagenbogen 1A

Herzen in Rot und Blau

Für jedes Motiv werden die großen Herzen einmal und die kleinen zweimal ausgeschnitten. Die kleinen Motive kleben Sie gemäß Abbildung vorne und hinten auf das große. Durch die vorgestochenen Löcher werden die

Drahtstücke gesteckt und somit alle Herzen in ca. 4 cm Abstand miteinander verbunden. An die Enden kommt das Schleifenband zum Aufhängen und wird noch mit einer großen Schleife aus Organzaband verziert. Zwischen den Herzen wird um den Draht jeweils eine lange Schleife gebunden, deren Enden werden mit Perlen geschmückt und verknotet.

Motivhöhe

Herz 10 cm

Material

- Tonkartonreste: rot, dunkelrot, blau, hellblau
- Fotokartonreste: rot-weiß gestreift, rot-weiß kleinkariert, rot-weiß großkariert, blau-weiß geblümt, blau-weiß kleinkariert, blau-weiß großkariert
- Schleifenband, 5 mm breit: 2 x 50 cm und 4 x 40 cm lang blau-weiß kariert, 2 x 50 cm und 4 x 40 cm lang rot-weiß kariert
- Organzaband, je 2 x 30 cm lang: rot und blau
- Blumendraht, 4 x 15 cm lang: braun
- Holzperlen, ø 8 mm: blau und weiß
- Holzperlen, ø 12 mm: rot
- Nähnadel

Vorlagenbogen 1A

Bäumchen im Topf

Alle Teile für diese zierlichen Topfbäumchen werden doppelt aus dem Tonpapier ausgeschnitten. Danach klebt man die Teile von vorn und hinten deckungsgleich auf den Baumwollfaden, sie haben 7 cm Abstand voneinander. Die Pünktchen können auf das Töpfchen oder aber auf die Baumkrone aufgetupft werden. Hinterher werden kleine Karoschleifen um den Faden zwischen den Motiven geknotet.
Die Einzelteile lassen sich auch sehr schön an einen Friesenbaum hängen.

Motivhöhe

Topfbäumchen 9,3 cm

Material

- Tonpapierreste: grün, blau, hellbraun, dunkelbraun
- Baumwollfaden, je 1 m lang: grün
- Schleifenband, 5 mm breit, je 25 cm lang: braun-weiß, blau-weiß
- Bastelfarbe: weiß
- Schaschlikstab, ø ca. 3 mm

Vorlagenbogen 1A

Blumen-
ketten

(Anleitung Seite 20)

Blumenketten

(Abbildung Seite 19)

Die einzelnen Blüten und Stängel werden doppelt aus dem Tonpapier ausgeschnitten. Alle Teile werden nun asymmetrisch angeordnet und von vorn und hinten deckungsgleich auf den Faden geklebt. Lassen Sie zwischen den Blumen 10 – 12 cm Faden. Am Ende einer jeden Kette sollte noch ein gleichlanges Stück Baumwollfaden herunterhängen, an das eine Perle geknotet wird, denn diese verleiht jedem Blumenhänger die nötige Stabilität. Mehrere Ketten ins Fenster gehängt ergeben eine kleine Blumenwiese.

Motivhöhe

Blume 9 cm

Material

- Tonpapierreste: gelb, orange, apfelgrün
- Baumwollfaden, je 1 m lang: hellgrün
- Schleifenband, 5 mm breit, 4 x 25 cm lang: apfelgrün-weiß
- Klebepunkte, ø 8 mm: weiß
- Holzperlen, ø 15 mm: natur

Vorlagenbogen 1A

Topfpflanze mit Schleife

Aus grünem Tonkarton wird das Gras einmal für jeden Blumentopf ausgeschnitten, Topf und Blüten doppelt ausschneiden. Das Grün wird zwischen die beiden Topfhälften geklebt und mit Blümchen nach eigenem Geschmack verziert. Die einzelnen Blüten erhalten noch einen weißen Klebepunkt. Binden Sie sechs Schleifen und setzen Sie sie vorne und hinten mit etwas Klebstoff auf die Töpfchen. Wenn alle Motive gebastelt sind, werden sie mit einem Baumwollfaden verbunden, dabei haben sie 7 cm Abstand voneinander. Hängen Sie die Motivkette ans Fenster, so schaffen Sie eine gemütliche Atmosphäre.

Motivhöhe

Topfpflanze
9 cm

Material

- Tonkarton-reste: grün
- Tonpapier-reste: orange
- Baumwollfa-den, 1 m lang, 2 x 25 cm lang: grün
- Schleifen-band, 1 cm breit, 6 x 25 cm lang: grün-weiß kariert
- Klebepunkte, ø 8 mm: weiß
- Nähnadel

Vorlagenbogen 1B

Rabenkette

Auf den Herbst einstimmen sollen diese lustigen Raben. Für jede Kette werden aus Tonkarton die Körper dreimal und aus Tonpapier die Schnäbel sechsmal ausgeschnitten. Von beiden Seiten versehen Sie nun den Raben mit Schnabel und weißen Aufklebern. Mit einem schwarzen Filzstift kommen dann die Punkte auf Schnabel und Augen. Sind die Motive fertig gebastelt, werden sie vorsichtig mit der Nähnadel vorgestochen. Der letzte Rabe aus der Reihe bekommt nur oben ein Loch. Mit den vorgefertigten Drahtstücken werden dann alle Teile in ca. 6 cm Abstand miteinander verbunden. Verzieren Sie das Rabentrio mit kleinen Karoschleifen und hängen Sie es am Baumwollfaden auf.

Motivhöhe

Rabe 8,5 cm

Material

- Tonpapierreste: gelb
- Tonkartonreste: schwarz
- Baumwollfaden, 2 x 1 m lang: gelb
- Schleifenband, 5 mm breit: 2 x 25 cm lang schwarz-weiß kariert, 2 x 25 cm lang gelb-weiß kariert
- Blumendraht, 4 x 15 cm lang: braun
- Klebepunkte, ø 8 mm: weiß
- Filzstift: schwarz
- Bleistift
- Nähnadel

Vorlagenbogen 1B

Halloween

Aus dem farbig passenden Tonkarton werden alle Teile einfach ausgeschnitten. Das Gesicht für die Katze mit weißem Buntstift, die Gespensteraugen mit schwarzem Filzstift malen. Für die Verbindungen werden nun die Löcher vorgestochen und Faden oder der zur Spirale gedrehte Draht eingefädelt. Ob nun Draht oder Faden, auf jeden Fall sollten Sie mit kleinen Schleifchen das fertige Werk verzieren. Das Gespenst, der Kürbis und die Katze sind vergrößert gebastelt auch ein witziger Schmuck für die nächste Halloween-Party.

Motivhöhe

Katze 8,3 cm

Material

- Tonkartonreste: schwarz, orange, weiß
- Baumwollfaden, 1 m und 2 x 20 cm lang: weiß
- Schleifenband, 5 mm breit, 4 x 25 cm lang: orange-weiß kariert
- Blumendraht, 2 x 15 cm lang: braun
- Filzstift: schwarz
- Buntstift: weiß
- Bleistift
- Nähnadel

Vorlagenbogen 1B

Weihnachtsstern im Topf

Topf und Blütenkopf werden für jedes Motiv jeweils einmal ausgeschnitten. Die kleinen Herzen für jeden Topf doppelt ausschneiden. Wenn alle Teile vorbereitet sind, werden sie mit dem zur Spirale geformten Draht verbunden. Die schwarzen Klebepunkte werden, im Kreis angeordnet, auf die Blüte gesetzt. Zum Schluss wird zwischen die Motive eine kleine Schleife gebunden und ein Aufhängefaden oben durchgezogen. Für das Herz kann auch ein Motivlocher verwendet werden.

Motivhöhe

Topf mit Blüte ca. 17 cm

Material

- Tonkartonreste: dunkelrot, grün
- Fotokartonreste: grün-weiß kariert
- Baumwollfaden, 1 m lang: grün
- Schleifenband, 5 mm breit, 3 x 25 cm lang: dunkelrot-weiß kariert
- Blumendraht, 3 x 15 cm lang: braun
- Klebepunkte, ø 8 mm: schwarz
- Bleistift
- Nähnadel

Vorlagenbogen 1B

Kränze mit Blüten und Sternen

(Anleitung Seite 26)

Motivhöhe

Kranz ø ca. 7 cm

Material

- Tonpapierreste: gelb, rot
- Tonkartonreste: grün
- Baumwollfaden, je 1,50 m lang: grün
- Schleifenband, 5 mm breit, 45 cm lang: gelb-weiß kariert, rot-grün kariert
- Klebepunkte, ø 8 mm: weiß
- Holzperlen: 8 x ø 8 mm: rot, 4 x ø 10 mm: gelb
- Bastelfarbe: rot, gelb
- Evtl. Motivlocher: Stern
- Schaschlikstab
- Nähnadel

Vorlagenbogen 1B

Kränze mit Blüten und Sternen

(Abbildung Seite 25)

Kränze aus Tonkarton einfach ausschneiden, Blüten und Sterne jeweils doppelt aus Tonpapier. Für die Sterne kann auch ein Motivlocher verwendet werden. Löcher mit einer Nähnadel vorstechen. Blüten mit Klebepunkten sowie Sterne drapieren Sie auf den Kränzen. Die kleinen Pünktchen entstehen mit der Bastelfarbe und der spitzen Seite vom Schaschlikstab. Nach dem Trocknen werden die Motive mit je 20 cm Faden verbunden, dabei gleichzeitig die Perlen auffädeln. Die kleinen Schleifen werden entweder auf oder unter die Perlen gebunden. Am Ende verzieren ein oder zwei Perlen mit einem Fadenrest die Kette.

Lebkuchen am Band

Die Motive werden jeweils einmal aus Tonkarton ausgeschnitten. Nur die Mandeln fertigen Sie aus Tonpapier und kleben sie auf, pro Lebkuchen braucht man acht Stück. Mit rosa Buntstift werden die Wangen, mit Filzstift Augen und Mund gemalt. Mit weißem Buntstift die Motive gemäß Abbildung bemalen. Aus Buchsbaumdraht fertigen Sie drei Kränzchen. Jedes Motiv wird – mit Perlen oder Schleifen verziert – an Schleifenband (20 bis 40 cm lang) geknotet und in gleichmäßigem Abstand auf den Buchsbaumdraht gereiht.

Motivhöhe

Lebkuchenmännchen 8 cm

Material

- Tonpapier: hautfarben
- Tonkartonreste: blau, hellbraun, mittelbraun, dunkelbraun
- Fotokarton: blau-weiß kariert
- Schleifenband, 5 mm breit, 4 m und 3 x 15 cm lang: blau-weiß kariert
- Buchsbaumdraht, 1 x 1 m, 3 x 25 cm lang
- Holzperlen, 5 x ø 15 mm: natur
- Holzperlen, 2 x ø 8 mm: blau
- Filzstift: schwarz
- Buntstifte: weiß, rosa
- Nähnadel

Vorlagenbogen 1B

Engel oder Blumenkind?

Haare und Armpaar werden jeweils doppelt aus farbigem Tonpapier ausgeschnitten. Kopf, Flügel, Sterne oder Blüten fertigen Sie je einmal aus Tonkarton, die Körper je zweimal. An den Körper kleben Sie den Kopf mit den Haaren, bei dem Engel kommt noch der Flügel dazu, bevor Sie den zweiten Körper aufkleben. Anschließend werden die Arme fixiert. Die Blüten werden mit einem Klebepunkt versehen. Kleine Bleistiftkreuze verzieren den unteren Rand des Engels.
Wenn alle Teile mit einer dicken Nadel vorgestochen sind, werden sie mit Draht oder Faden in ca. 6 cm Abstand verbunden. Auch hier machen kleine Schleifen das Werk komplett. Binden Sie das Kränzchen wie in den Arbeitsschritten beschrieben, drücken Sie es flach und schieben Sie es auf das Köpfchen.

Motivhöhe

Blumenmädchen
8 cm

Material

- Tonpapierreste: blau, hellbraun
- Tonkartonreste: blau, hautfarben
- Baumwollfaden, ca. 1 m und 3 x 15 cm lang: blau
- Schleifenband, 5 mm breit, 3 x 15 cm lang: blau-weiß kariert
- Buchsbaumdraht, 12 cm lang
- Klebepunkte, ø 8 mm: weiß
- Filzstift: schwarz
- Buntstift: rosa
- Nähnadel

Vorlagenbogen 1B

Mithilfe eines Flügelpaars kann ein kleines Blumenmädchen ganz leicht zum Engel werden. Statt der Blüten hängen Sie dann einfach glänzende Silbersterne an die Kette.

Motivhöhe

Engel 8 cm

Material

- Tonpapierreste: weiß, hellbraun
- Tonkartonreste: weiß, hautfarben, silber
- Baumwollfaden, ca. 1 m lang: weiß
- Schleifenband, 8 mm breit, 3 x 18 cm lang: silber
- Blumendraht, 3 x 15 cm lang: silber
- Buchsbaumdraht, 12 cm lang
- Filzstift: schwarz
- Buntstift: rosa
- Bleistift
- Nähnadel

Vorlagenbogen 1B

Engel-Girlande

Haare, Gewand und Armpaar doppelt aus Tonpapier ausschneiden, Flügel, Sterne und Gesicht nur einfach aus Tonkarton. Flügel und Kopf werden zwischen das doppelte Gewand geklebt. Die Flügel können zusätzlich mit kleinen Bleistiftkreuzen verziert werden. Kleben Sie die Haare an den Kopf und setzen Sie die Arme auf den Körper. Alle Flügel mittels Nadel an den Seiten vorsichtig vorstechen und mit den zu Spiralen gedrehten Drahtstücken verbinden. Hieran binden Sie nun je eine Silberschleife. Die Schleifen für die Engel werden gebunden und mit etwas Klebstoff befestigt. Das Gesicht wird mit Filz- und Buntstift gemalt, aus den Buchsbaumdrähten werden Kränze gelegt. Drücken Sie diese zusammen und schieben Sie sie auf das Engelshaar.

Motivhöhe

Engel 12,5 cm

Material

- Tonpapierreste: weiß, hellbraun
- Tonkartonreste: hautfarben, silber
- Schleifenband, 8 mm breit, 9 x 15 cm lang: silber
- Blumendraht, 4 x 15 cm und 2 x 20 cm lang: silber
- Buchsbaumdraht, 3 x 12 cm lang
- Filzstift: schwarz
- Buntstift: rosa
- Bleistift
- Nähnadel

Vorlagenbogen 1B

Schaukelpferd & Co.

Es werden alle Teile doppelt ausgeschnitten und deckungsgleich auf den roten Baumwollfaden geklebt. Die Augen malen Sie mit Filzstift auf. Binden Sie alle Schleifen und kleben Sie sie anschließend mit etwas Klebstoff auf die Motive. Weil keine Schleifen dazwischen gebunden werden, empfiehlt es sich, alle Teile etwas enger (ca. 3,5 cm) untereinander zu setzen. Basteln Sie alle Motive einzeln, entsteht ein zierlicher Schmuck für den Weihnachtsbaum.

Motivhöhe

Schaukelpferd 6 cm

Material

- Tonpapierreste: weiß, rot, hellbraun, dunkelbraun
- Baumwollfaden, je 1 m lang: rot
- Schleifenband, 5 mm breit: 2 x 9 cm lang rot-weiß kariert, 4 x 9 cm lang braun-weiß kariert
- Filzstift: schwarz

Vorlagenbogen 1B